L'ANALPHABÈTE

AGOTA KRISTOF

L'ANALPHABÈTE

Récit autobiographique

Nouvelle édition

© Éditions Zoé, 46 chemin de la Mousse,
CH-1225 Chêne-Bourg, Genève, 2021
www.editionszoe.ch
Maquette de couverture : Notter + Vigne
Illustration : Agota Kristof à 5 ans, à Csikvand, 1940,
© Fonds Agota Kristof,
Archives littéraires suisses, Bibliothèque nationale suisse, Berne.

ISBN 978-2-88927-898-5

*Les Éditions Zoé bénéficient du soutien de
la République et Canton de Genève
et de l'Office fédéral de la culture.*

Débuts

Je lis. C'est comme une maladie. Je lis tout ce qui me tombe sous la main, sous les yeux : journaux, livres d'école, affiches, bouts de papier trouvés dans la rue, recettes de cuisine, livres d'enfant. Tout ce qui est imprimé.

J'ai quatre ans. La guerre vient de commencer. Nous habitons à cette époque un petit village qui n'a pas de gare, ni l'électricité, ni l'eau courante, ni le téléphone.

Mon père est le seul instituteur du village. Il enseigne à tous les degrés, du premier au sixième. Dans la même salle. L'école n'est séparée de notre maison que par la cour de récréation, et ses fenêtres donnent sur le jardin potager de ma mère. Quand je grimpe à la dernière fenêtre de la grande salle, je vois toute la classe, avec mon père devant, debout, écrivant au tableau noir. La salle de mon père sent la craie, l'encre, le papier, le calme, le silence, la neige, même en été. La grande cuisine de ma mère sent la bête tuée, la viande bouillie, le lait, la confiture, le pain, le linge mouillé, le pipi du bébé, l'agitation, le bruit, la chaleur de l'été, même en hiver.

Quand le temps ne nous permet pas de jouer dehors, quand le bébé crie plus fort que d'habitude, quand mon frère et moi faisons trop de bruit et trop de dégâts dans la cuisine, notre mère nous envoie chez notre père pour une « punition ».

Nous sortons de la maison. Mon frère s'arrête devant le hangar où on range le bois de chauffage :

— Je préfère rester ici. Je vais couper du petit bois.

— Oui. Mère sera contente.

Je traverse la cour, j'entre dans la grande salle, je m'arrête près de la porte, je baisse les yeux. Mon père dit :

— Approche.

J'approche. Je lui dis dans l'oreille :

— Punie… Ma mère…

— Rien d'autre?

Il me demande «rien d'autre?», parce que parfois il y a un billet de ma mère que je dois donner sans rien dire, ou bien il y a un mot à prononcer: «médecin», «urgence», et parfois seulement un chiffre: 38 ou 40. Tout ça à cause du bébé qui a tout le temps des maladies d'enfance.

Je dis à mon père:

— Non. Rien d'autre.

Il me donne un livre avec des images:

— Va t'asseoir.

Je vais au fond de la classe, là où il y a toujours des places vides derrière les plus grands.

C'est ainsi que, très jeune, sans m'en apercevoir et tout à fait par hasard, j'attrape la maladie inguérissable de la lecture.

Quand nous allons rendre visite aux parents de ma mère, qui habitent dans une ville proche, dans une maison avec de la lumière et de l'eau, mon grand-père me prend par la main, et nous faisons ensemble le tour du voisinage.

Grand-père sort un journal de la grande poche de sa redingote et dit aux voisins:

— Regardez! Écoutez!

7

Et à moi :

— Lis.

Et je lis. Couramment, sans faute, aussi vite qu'on me le demande.

Mise à part cette fierté grand-parentale, ma maladie de la lecture m'apportera plutôt des reproches et du mépris :

« Elle ne fait rien. Elle lit tout le temps. »

« Elle ne sait rien faire d'autre. »

« C'est l'occupation la plus inactive qui soit. »

« C'est de la paresse. »

Et, surtout : « Elle lit au lieu de… »

Au lieu de quoi ?

« Il y a tant de choses plus utiles, n'est-ce pas ? »

Encore maintenant, le matin, quand la maison se vide et que tous mes voisins partent au travail, j'ai un peu mauvaise conscience de m'installer à la table de la cuisine pour lire les journaux pendant des heures, au lieu de… de faire le ménage, ou de laver la vaisselle d'hier soir, d'aller faire les courses, de laver et de repasser le linge, de faire de la confiture ou des gâteaux…

Et, surtout, surtout ! Au lieu d'écrire.

De la parole à l'écriture

Toute petite déjà, j'aime raconter des histoires. Des histoires inventées par moi-même. Grand-mère vient parfois de la ville en visite, pour aider mère. Le soir, c'est grand-mère qui nous couche, elle essaye de nous endormir avec des contes que nous avons déjà entendus une centaine de fois.

Je sors de mon lit, je dis à grand-mère :

— Les histoires, c'est moi qui les raconte, pas toi.

Elle me prend sur ses genoux, elle me berce :

— Raconte, raconte donc.

Je commence par une phrase, n'importe laquelle, et tout s'enchaîne. Des personnages apparaissent, meurent, ou disparaissent. Il y a les bons et les méchants, les pauvres et les riches, les vainqueurs et les vaincus. Cela ne finira jamais, je bégaye sur les genoux de grand-mère :

— Et après... et après...

Grand-mère me pose dans mon lit-cage, elle baisse la mèche de la lampe à pétrole, et s'en va dans la cuisine.

Mes frères dorment, je m'endors, moi aussi, et dans mon rêve l'histoire continue, belle et terrifiante.

Ce que j'aime le plus, c'est de raconter des histoires à mon petit frère Tila. C'est le préféré de notre mère. Il a trois ans de moins que moi, alors il croit tout ce que je lui dis. Par exemple, je l'attire dans un coin du jardin et je lui demande :

— Veux-tu que je te révèle un secret ?

— Quel secret ?

— Le secret de ta naissance.

— Il n'y a aucun secret à ma naissance.

— Si. Mais je te le dis seulement si tu jures de n'en parler à personne.

— Je le jure.

— Alors, voilà : tu es un enfant trouvé. Tu n'es pas de notre famille. On t'a trouvé dans un champ, abandonné, tout nu.

Tila dit :

— Ce n'est pas vrai.

— Mes parents vont te le dire plus tard, quand tu seras grand. Si tu savais comme tu nous faisais pitié, si maigre, si nu.

Tila commence à pleurer. Je le prends dans mes bras :

— Ne pleure pas. Je t'aime autant que si tu étais mon vrai frère.

— Autant que Yano ?

— Presque. Yano est tout de même mon vrai frère véritable.

Tila réfléchit :

— Mais alors, pourquoi que j'ai le même nom que vous ? Et pourquoi que mère m'aime plus que vous deux ? Vous êtes tout le temps punis, toi et Yano. Et moi, jamais.

Je lui explique :

— Tu as le même nom, parce qu'on t'a adopté officiellement. Et si mère est plus gentille avec toi qu'avec nous, c'est parce qu'elle veut montrer qu'elle ne fait aucune différence entre toi et ses vrais enfants.

— Je suis son vrai enfant!

Tila hurle, il court vers la maison:

— Maman! Maman!

Je cours derrière lui:

— Tu as juré de ne rien dire. Je plaisantais.

Trop tard. Tila arrive dans la cuisine, il se jette dans les bras de mère:

— Dis-moi que je suis ton fils. Ton vrai fils. Tu es ma vraie mère.

Je suis punie, naturellement, pour avoir raconté des âneries. Je m'agenouille sur un épi de maïs dans un coin de la chambre. Bientôt Yano arrive avec un autre épi de maïs, il s'agenouille à côté de moi.

Je lui demande:

— Pourquoi tu es puni, toi?

— Je ne sais pas. J'ai juste caressé le crâne de Tila, en disant: «Je t'aime, petit bâtard.»

Nous rions. Je sais qu'il a fait exprès d'être puni, par solidarité, et parce que sans moi il s'ennuie.

Je raconterai encore d'autres âneries à Tila, j'essaye aussi avec Yano, mais il ne me croit pas, parce qu'il a un an de plus que moi.

L'envie d'écrire viendra plus tard, quand le fil d'argent de l'enfance sera cassé, quand viendront les mauvais jours, et arriveront les années dont je dirai : «Je ne les aime pas.»

Quand, séparée de mes parents et de mes frères, j'entrerai à l'internat dans une ville inconnue, où, pour supporter la douleur de la séparation, il ne me restera qu'une solution : écrire.

Poèmes

Quand j'entre à l'internat, j'ai quatorze ans. Yano, mon frère, y est depuis un an déjà, mais dans une autre ville. Tila reste encore avec mère. Ce n'est pas un internat pour jeunes filles riches, c'est plutôt le contraire. C'est quelque chose entre la caserne et le couvent, entre l'orphelinat et la maison de correction.

Nous sommes environ deux cents filles de quatorze à dix-huit ans, logées et nourries gratuitement par l'État.

Nous avons des dortoirs de dix à vingt personnes, avec des lits superposés garnis de paillasses et de couvertures grises. Nos armoires métalliques étroites se trouvent dans le corridor.

Une cloche nous réveille à six heures du matin, et une surveillante ensommeillée contrôle les chambres. Certaines élèves se cachent sous les lits, les autres descendent dans le jardin en courant. Après trois tours du jardin, nous faisons des exercices pendant dix minutes, puis nous remontons toujours en courant dans le bâtiment. Nous nous lavons à l'eau froide, nous nous habillons, nous descendons dans la salle à manger. Notre petit-déjeuner se compose de café au lait et d'une tranche de pain.

Distribution du courrier de la veille : des lettres ouvertes par la direction. Justification :

«Vous êtes mineures. Nous remplaçons vos parents.»

À sept heures et demie, nous partons pour l'école en rang serré, en chantant des chants révolutionnaires à travers la ville. Des garçons s'arrêtent sur notre passage, ils sifflent, et ils nous crient des mots admiratifs ou vulgaires.

En rentrant de l'école, nous mangeons et nous allons dans nos salles d'étude où nous resterons jusqu'au repas du soir.

Dans les salles d'étude un silence total est exigé.

Que faire pendant ces longues heures? Les devoirs, bien sûr, mais les devoirs sont vite expédiés car ils manquent totalement d'intérêt. On peut aussi lire, mais nous n'avons que des livres de «lecture obligatoire», et ils sont vite lus, d'ailleurs ces livres-là, pour la plupart, manquent totalement d'intérêt, eux aussi.

Alors, pendant ces heures de silence forcé, je commence à rédiger une sorte de journal, j'invente même une écriture secrète pour que personne ne puisse le lire. J'y note mes malheurs, mon chagrin, ma tristesse, tout ce qui me fait pleurer en silence le soir dans mon lit.

Je pleure la perte de mes frères, de mes parents, de notre maison familiale qu'habitent à présent des étrangers.

Je pleure surtout ma liberté perdue.

Nous avons, certes, la liberté de recevoir des visites le dimanche après-midi dans le «salon» de l'internat, même des garçons, en présence d'une surveillante. Nous avons aussi la liberté de nous promener, même avec des garçons, le dimanche après-midi, mais seulement dans la rue principale de la ville. Une surveillante s'y promène aussi.

Mais je n'ai pas la liberté d'aller voir mon frère Yano qui n'est qu'à vingt kilomètres d'ici, dans la même situation que moi, et qui ne peut pas venir me voir lui non plus. Nous avons l'interdiction de quitter la ville, et, de toute façon, nous n'avons pas d'argent pour le train.

Je pleure aussi mon enfance, notre enfance à nous trois, à Yano, à Tila et à moi.

Plus de course pieds nus à travers la forêt sur le sol humide jusqu'au «rocher bleu»; plus d'arbre où grimper, d'où tomber quand une branche pourrie se casse; plus de Yano pour me relever de ma chute; plus de promenade nocturne sur les toits; plus de Tila pour nous dénoncer à mère.

À l'internat, c'est l'extinction des feux à dix heures du soir. Une surveillante contrôle les chambres.

Je lis encore, si j'ai de quoi lire, à la lumière du réverbère, puis, pendant que je m'endors en larmes, des phrases naissent dans la nuit. Elles tournent autour de moi, chuchotent, prennent un rythme, des rimes, elles chantent, elles deviennent poèmes:

« Hier, tout était plus beau,
La musique dans les arbres
Le vent dans mes cheveux
Et dans tes mains tendues
Le Soleil. »

Clowneries

Les années cinquante. À part quelques privilégiés, tout le monde est pauvre dans notre pays. Certains sont même plus pauvres que les autres.

À l'internat nous sommes entretenues, certes. Nous avons à manger, et nous avons un toit, mais la nourriture est tellement mauvaise et insuffisante que nous avons tout le temps faim. En hiver nous avons froid. À l'école, nous gardons nos manteaux, et nous nous levons tous les quarts d'heure pour faire des mouvements de gymnastique afin de nous réchauffer. Dans nos dortoirs, il fait tout aussi froid, nous dormons avec des chaussettes, et quand nous montons dans les salles d'étude, nous sommes obligées de prendre nos couvertures.

À cette époque, je porte le vieux manteau de Yano, trop petit pour lui, un manteau noir, sans boutons, déchiré côté gauche.

Un ami me dira plus tard :

— Comme je t'admirais avec ton manteau noir toujours ouvert, même en hiver.

En allant à l'école, je porte aussi la serviette d'une amie, parce que je n'ai pas de serviette à moi, et que je mets mes cahiers et mes livres dans sa serviette à elle. La serviette est lourde et mes doigts gèlent parce que je n'ai pas de gants. Je n'ai pas non plus de crayon ni de plume, ni d'affaires de gymnastique. J'emprunte tout cela.

J'emprunte aussi des chaussures quand je suis obligée de donner les miennes à réparer chez le cordonnier.

Si je dois les rendre, je reste couchée trois jours à cause du cordonnier. Je ne peux pas dire à la directrice de l'internat que je n'ai pas de chaussures de rechange pour aller à l'école. Je lui dis que je suis malade, et elle me croit, parce que je suis une bonne élève. Elle me touche le front, elle dit :

— Tu as de la fièvre. Au moins trente-huit. Couvre-toi bien.

Je me couvre bien. Mais avec quoi vais-je payer le cordonnier? Il n'est pas question de demander de l'argent à mes parents. Père est en prison et nous n'avons aucune nouvelle de lui depuis des années. Mère travaille où elle peut. Elle habite une seule chambre avec Tila, les voisins leur permettent parfois d'employer la cuisine.

Pendant une courte période, mère travaille dans la ville où je fais mes études. Une fois, en rentrant de l'école, je lui rends visite. C'est une petite pièce de sous-sol où une dizaine de femmes, assises autour d'une grande table, sont en train d'emballer du poison pour les rats sous la lumière d'une ampoule électrique.

Ma mère demande :

— Tout va bien?

Je dis :

— Oui, tout va bien. Ne t'inquiète pas.

Elle ne me demande pas si j'ai besoin de quelque chose, j'ajoute tout de même :

— Je n'ai besoin de rien. Et comment va Tila?

Ma mère dit :

— Il va bien. Il va entrer en internat, lui aussi, dès l'automne.

Nous n'avons plus rien à nous dire. J'aimerais dire que j'ai fait réparer mes chaussures, que le cordonnier m'a fait crédit, que je dois le rembourser au plus vite, mais à voir la vieille robe usée de ma mère, ses gants souillés par le poison, je ne peux rien dire de tout cela. J'embrasse mère, je m'en vais, et je ne reviens plus.

Pour gagner un peu d'argent, j'organise un spectacle à l'école, pendant la récréation de vingt minutes. J'écris des sketchs qu'avec deux ou trois amies nous apprenons très vite, parfois même nous en improvisons d'autres. Ma spécialité, c'est l'imitation de professeurs. Le matin, nous avertissons quelques classes, le lendemain quelques autres. Le prix d'entrée est l'équivalent du prix d'un croissant que la concierge vend pendant les récréations.

Le spectacle marche bien, nous remportons un énorme succès, les spectateurs se bousculent jusqu'au corridor. Il y a même des professeurs qui viennent nous voir, ce qui m'oblige parfois à changer brusquement de sujet d'imitation.

Je reprends l'expérience dans le cadre de l'internat, avec d'autres amies, d'autres sketchs.

Le soir, nous allons de dortoir en dortoir, on nous invite, on nous supplie de venir, on nous prépare des festins avec les colis que les filles de paysans reçoivent de leurs parents. Nous, les actrices, acceptons indifféremment argent ou nourriture, mais notre plus grande récompense sera tout de même le bonheur de faire rire.

Langue maternelle
et langues ennemies

Au début, il n'y avait qu'une seule langue. Les objets, les choses, les sentiments, les couleurs, les rêves, les lettres, les livres, les journaux, étaient cette langue.

Je ne pouvais pas imaginer qu'une autre langue puisse exister, qu'un être humain puisse prononcer un mot que je ne comprendrais pas.

Dans la cuisine de ma mère, dans l'école de mon père, dans l'église de l'oncle Guéza, dans les rues, dans les maisons du village et aussi dans la ville de mes grands-parents, tout le monde parlait la même langue, et il n'était jamais question d'une autre.

On disait que les Tzignanes, installés aux confins du village, parlaient une autre langue, mais je pensais que ce n'était pas une vraie langue, que c'était une langue inventée qu'ils parlaient entre eux seulement, juste comme mon frère Yano et moi, quand nous parlions de façon que notre petit frère Tila ne puisse pas nous comprendre.

Je pensais aussi que les Tziganes faisaient cela parce que dans le bistrot du village ils avaient des verres marqués, des verres rien que pour eux, car personne ne voulait boire dans un verre dans lequel un Tzigane avait bu.

On disait aussi que les Tziganes volaient des enfants. Certes, ils volaient beaucoup de choses, mais quand on passait devant leurs maisons construites en argile et que l'on voyait le nombre d'enfants qui jouaient autour de ces masures, on se demandait pourquoi ils en voleraient d'autres. D'ailleurs, quand les Tziganes venaient dans le village pour vendre leurs poteries, ou leurs paniers tressés avec des roseaux, ils parlaient « normalement », la même langue que nous.

Quand j'avais neuf ans, nous avons déménagé. Nous sommes allés habiter une ville frontière où au moins le quart de la population parlait la

28

langue allemande. Pour nous, les Hongrois, c'était une langue ennemie, car elle rappelait la domination autrichienne, et c'était aussi la langue des militaires étrangers qui occupaient notre pays à cette époque.

Un an plus tard, c'étaient d'autres militaires étrangers qui occupaient notre pays. La langue russe est devenue obligatoire dans les écoles, les autres langues étrangères interdites.

Personne ne connaît la langue russe. Les professeurs qui enseignaient des langues étrangères : l'allemand, le français, l'anglais, suivent des cours accélérés de russe pendant quelques mois, mais ils ne connaissent pas vraiment cette langue, et ils n'ont aucune envie de l'enseigner. Et de toute façon, les élèves n'ont aucune envie de l'apprendre.

On assiste là à un sabotage intellectuel national, à une résistance passive naturelle, non concertée, allant de soi.

C'est avec le même manque d'enthousiasme que sont enseignées et apprises la géographie, l'histoire et la littérature de l'Union soviétique. Une génération d'ignorants sort des écoles.

C'est ainsi que, à l'âge de vingt et un an, à mon arrivée en Suisse, et tout à fait par hasard dans une ville où l'on parle le français, j'affronte une langue pour moi totalement inconnue. C'est ici que commence ma lutte pour conquérir cette langue, une lutte longue et acharnée qui durera toute ma vie.

Je parle le français depuis plus de trente ans, je l'écris depuis vingt ans, mais je ne le connais toujours pas. Je ne le parle pas sans fautes, et je ne peux l'écrire qu'avec l'aide de dictionnaires fréquemment consultés.

C'est pour cette raison que j'appelle la langue française une langue ennemie, elle aussi. Il y a encore une autre raison, et c'est la plus grave : cette langue est en train de tuer ma langue maternelle.

La mort de Staline

Mars 1953. Staline est mort. Nous le savons depuis hier soir. La tristesse est obligatoire à l'internat. Nous nous couchons sans nous parler. Le matin nous demandons :

— Est-ce un jour de congé ?

La surveillante dit :

— Non. Vous allez à l'école comme d'habitude. Mais ne chantez pas.

Nous allons à l'école comme d'habitude, en rang, mais sans chanter. Sur les édifices flottent des drapeaux rouges et des drapeaux noirs.

Notre professeur de classe nous attend. Il dit :

— À onze heures, la cloche de l'école son-
nera. Vous vous lèverez pour observer une minute
de silence. En attendant, vous écrirez une composition dont le sujet sera : « La mort de Staline ».
Dans cette composition, vous écrirez tout ce que
le camarade Staline était pour vous. Un père
d'abord, un phare lumineux ensuite.

Une des élèves éclate en sanglots. Le professeur dit :

— Maîtrisez-vous, mademoiselle. Nous sommes
tous éprouvés au-delà de toute mesure. Mais
essayons de dominer notre douleur. Vos composi-
tions ne seront pas notées, vu l'état de choc dans
lequel vous vous trouvez en ce moment.

Nous écrivons. Le professeur se promène dans
la classe, les mains derrière le dos.

Une cloche sonne, nous nous mettons debout.
Le professeur regarde sa montre. Nous attendons.
Les sirènes de la ville devraient sonner, elles aussi.
Une fille, près de la fenêtre, regarde dans la rue
et dit :

— C'est seulement la cloche pour les poubelles.

Nous nous rasseyons, prises d'un fou rire.

La cloche de l'école et les sirènes de la ville sonnent bientôt après, nous nous levons de nouveau, mais à cause des poubelles, nous rions encore. Nous restons debout ainsi, pendant une longue minute, secouées par un rire silencieux, le professeur rit avec nous.

J'ai porté la photographie en couleurs de Staline dans ma poche pendant plusieurs années, mais au moment de sa mort, j'ai déjà compris pourquoi ma tante a déchiré cette photo au cours d'un séjour que j'avais fait chez elle.

L'endoctrinement était grand, et efficace surtout sur les esprits jeunes. Rudolf Noureev, le grand danseur russe dissident, raconte : « Le jour de la mort de Staline, je suis allé dehors, dans la campagne. J'ai attendu que quelque chose d'extraordinaire arrive, que la nature réponde à la tragédie. Et rien. Pas de tremblement de terre, pas de signe. »

Non. Le « tremblement de terre » n'est arrivé que trente-six ans plus tard, et ce n'était pas une réponse de la nature, mais celle des peuples. Il a fallu attendre toutes ces années pour que notre « Père » à tous meure véritablement, pour que

* L'endoctrinement = Le processus à enseigner à une personne ou à un groupe à accepter des idées et croyances sans jugement.

notre «phare lumineux» s'éteigne, à jamais, espérons-le.

Combien de victime avait-il sur la conscience? Personne ne le sait. En Roumanie, on compte encore les morts; en Hongrie, il y en a eu trente mille en 1956. Ce que l'on ne pourra jamais mesurer, c'est le rôle néfaste qu'a exercé la dictature sur la philosophie, l'art et la littérature des pays de l'Est. En leur imposant son idéologie, l'Union soviétique n'a pas seulement empêché le développement économique de ces pays, mais elle a essayé aussi d'étouffer leur culture et leur identité nationales.

À ma connaissance, aucun écrivain russe dissident n'a abordé ou mentionné cette question-là. Que pensent-ils, eux qui ont dû subir leur tyran, que pensent-ils donc de ces «petits pays sans importance» qui ont dû subir en plus une domination étrangère, la leur. Celle de leur pays. Ont-ils, ou auront-ils honte une fois de cela?

Ici, je dois penser à Thomas Bernhard, le grand écrivain autrichien, qui n'a jamais cessé de critiquer et de fustiger – avec haine et amour, et aussi avec humour – son pays, son époque, la société dans laquelle il vivait.

Il est mort le 12 février 1989. Pour lui, il n'y a pas eu de deuil national ou international, pas de fausses larmes, de vraies non plus, peut-être. Seuls ses lecteurs passionnés, auxquels j'appartiens, se sont rendu compte de l'immense perte pour la littérature : Thomas Bernhard, désormais, n'écrira plus. Pire : il a interdit qu'on publie ses manuscrits laissés derrière lui.

C'était le dernier « non » à la société du génial auteur du livre intitulé *Oui*. Ce livre est là, devant moi, sur la table, avec *Béton*, *Le Naufragé*, *L'Imitateur*, *Des arbres à abattre* et d'autres. *Oui* est le premier livre que j'ai lu de lui. Je l'ai prêté à plusieurs amis en disant que je n'ai jamais autant ri en lisant un livre. Ils me l'ont rendu sans avoir pu le lire jusqu'au bout, tant cette lecture leur paraissait « démoralisante » et « insoutenable ». Quant au « comique » du texte, ils ne le voyaient vraiment nulle part.

Il est vrai que le contenu en est terrible, car ce « oui » est bien un « oui », mais un « oui » à la mort, donc un « non » à la vie.

Pourtant, qu'il le veuille ou non, Thomas Bernhard vivra éternellement pour servir d'exemple à tous ceux qui prétendent être des écrivains.

La mémoire

J'apprends par les journaux et par la télévision qu'un enfant turc de dix ans est mort de froid et d'épuisement en traversant la frontière suisse clandestinement, en compagnie de ses parents. Les « passeurs » les ont laissés près de la frontière. Ils n'avaient qu'à marcher tout droit jusqu'au premier village suisse. Ils ont marché pendant de longues heures à travers la montagne et la forêt. Il faisait froid. Vers la fin, le père a porté l'enfant sur son dos. Mais c'était déjà trop tard. Quand ils sont arrivés au village, l'enfant était mort de fatigue, de froid et d'épuisement.

Ma première réaction est celle de n'importe quel Suisse : «Comment les gens osent-ils s'aventurer dans des histoires pareilles avec des enfants? Une telle irresponsabilité est inadmissible.» Le choc en retour est violent et immédiat. Un vent froid de fin de novembre s'engouffre dans ma chambre bien chauffée, et la voix de ma mémoire s'élève en moi avec stupéfaction : «Comment? aurais-tu tout oublié? Tu as fait la même chose, exactement la même chose. Et ton enfant à toi était presque un nouveau-né.»

Oui, je m'en souviens.

J'ai vingt et un ans. Je suis mariée depuis deux ans, et j'ai une petite fille de quatre mois. Nous traversons la frontière entre la Hongrie et l'Autriche un soir de novembre, précédés par un «passeur». Il s'appelle Joseph, je le connais bien.

Nous sommes un groupe composé d'une dizaine de personnes, dont quelques enfants. Ma petite fille dort dans les bras de son père, moi, je porte deux sacs. Dans l'un des sacs il y a des biberons, des langes, des habits de rechange pour le bébé, dans l'autre sac, des dictionnaires. Nous marchons en silence derrière Joseph pendant une heure environ. L'obscurité est presque totale. Parfois des fusées lumineuses et des projecteurs éclairent tout, on entend des pétarades, des tirs, puis le silence et l'obscurité retombent.

À l'orée de la forêt Joseph s'arrête et il nous dit :

— Vous êtes en Autriche. Vous n'avez qu'à continuer tout droit. Le village n'est pas loin.

J'embrasse Joseph. Tous, nous lui donnons l'argent que nous possédons, de toute façon, cet argent n'aurait aucune valeur en Autriche.

Nous marchons dans la forêt. Longtemps. Trop longtemps. Des branches nous déchirent le visage, nous tombons dans des trous, les feuilles mortes mouillent nos chaussures, nous nous tordons les chevilles sur des racines. Quelques lampes de poche se sont allumées, mais elles n'éclairent que de petits cercles, et des arbres, toujours des arbres. Pourtant, nous aurions déjà dû sortir de la forêt. Nous avons l'impression de tourner en rond.

Un enfant dit :

— J'ai peur. Je veux rentrer. Je veux aller au lit.

Un autre enfant pleure. Une femme dit :

— Nous sommes perdus.

Un homme jeune dit :

— Arrêtons-nous. Si nous continuons comme cela, nous allons nous retrouver en Hongrie, si ce n'est déjà fait. Ne bougez pas. Je vais voir.

Se retrouver en Hongrie, nous savons tous ce que cela veut dire: la prison pour avoir franchi illégalement la frontière, et peut-être même nous faire tirer dessus par des gardes-frontière russes ivres.

Le jeune homme grimpe sur un arbre. Quand il redescend, il dit:

— Je sais où nous sommes. Je me suis repéré sur les lumières. Suivez-moi.

Nous le suivons. Bientôt, la forêt s'éclaircit et nous marchons enfin sur un vrai chemin, sans branches, sans trous, sans racines.

Brusquement une lumière puissante nous éclaire, une voix dit:

— Halte!

L'un d'entre nous dit en allemand:

— Nous sommes des réfugiés.

Les gardes-frontière autrichiens répondent en riant:

— On s'en doutait. Venez avec nous.

Ils nous conduisent sur la place du village. Il y a là toute une foule de réfugiés. Le maire arrive:

— Que ceux qui ont des enfants avancent.

Nous sommes logés chez une famille de paysans. Ils sont très gentils. Ils s'occupent du bébé, ils nous donnent à manger, ils nous donnent un lit.

Ce qui est curieux, c'est le peu de souvenir que j'ai gardé de tout cela. C'est comme si tout s'était passé dans un rêve, ou dans une autre vie. Comme si ma mémoire refusait de se rappeler ce moment où j'ai perdu une grande partie de ma vie.

J'ai laissé en Hongrie mon journal à l'écriture secrète, et aussi mes premiers poèmes. J'y ai laissé mes frères, mes parents, sans prévenir, sans leur dire adieu ou au revoir. Mais surtout, ce jour-là, ce jour de fin novembre 1956, j'ai perdu définitivement mon appartenance à un peuple.

Personnes déplacées

Du petit village autrichien où nous sommes arrivés de la Hongrie, nous prenons l'autocar pour Vienne. C'est le maire du village qui paye nos billets. Pendant le voyage ma petite fille dort sur mes genoux. Au bord de la route, des bornes lumineuses défilent. Je n'ai encore jamais vu de bornes lumineuses.

Arrivés à Vienne, nous trouvons un poste de police pour nous annoncer. Là, dans le bureau du poste, je change les langes de mon bébé, je lui donne le biberon. Elle vomit. Les policiers nous donnent l'adresse d'un centre de réfugiés, et nous indiquent le tramway qui nous y mènera gratuitement. Dans le tram, des dames bien habillées prennent mon bébé sur leurs genoux, elles glissent de l'argent dans ma poche.

Le centre est un grand bâtiment qui devait être une usine ou bien une caserne. Dans d'immenses salles, des paillasses sont posées directement sur le sol. Il y a des douches communes et une vaste salle à manger. À l'entrée de cette salle se trouve un tableau noir sur lequel sont épinglés des avis de recherche. Les gens cherchent des parents, des amis qu'ils ont perdus pendant la traversée de la frontière, avant ou après, dans la ville de Vienne, ou même dans la foule et le désordre du centre.

Mon mari, comme tout le monde, passe la journée à attendre dans les bureaux de différentes ambassades pour trouver un pays d'accueil. Moi, je reste avec ma petite fille qui, couchée sur la paillasse, gazouille en jouant avec des brins de paille. Je suis obligée d'apprendre quelques mots d'allemand pour pouvoir demander ce qui est nécessaire à l'enfant. En la prenant dans mes bras, je vais dans la grande cuisine du centre, et je dis au monsieur qui semble être le chef ici: «Milch für Kinder, bitte.» Ou: «Seife für Kinder.» Le monsieur me donne toujours personnellement ce que je demande.

Noël approche quand nous prenons le train pour la Suisse. Il y a des branches de sapin sur la tablette devant la fenêtre, du chocolat et des oranges. C'est un train spécial. À part les accompagnateurs, il n'y a que des Hongrois dedans, et ce train ne s'arrête qu'à la frontière suisse. Là, une fanfare nous accueille, et de gentilles dames nous passent par la fenêtre des gobelets de thé chaud, du chocolat et des oranges.

Nous arrivons à Lausanne. Nous sommes logés dans une caserne sur les hauteurs de la ville, près d'un terrain de football. De jeunes femmes habillées comme des militaires prennent nos enfants avec des sourires rassurants. Hommes et femmes sont séparés pour la douche. On emporte nos vêtements pour les désinfecter.

Ceux parmi nous qui ont déjà vécu une situation semblable avoueront plus tard qu'ils ont eu peur. Nous sommes tous soulagés de nous retrouver après, et surtout, de retrouver nos enfants propres, et déjà bien nourris. Ma petite fille dort tranquillement dans un beau berceau, comme elle n'en a jamais eu, à côté de mon lit.

Le dimanche, après le match de football, les spectateurs viennent nous voir derrière la barrière de la caserne. Ils nous offrent du chocolat et des oranges, naturellement, mais aussi des cigarettes et même de l'argent. Cela ne nous rappelle plus les camps de concentration, mais plutôt le jardin zoologique. Les plus pudiques d'entre nous s'abstiennent de sortir dans la cour, d'autres par contre passent leur temps à tendre la main à travers la barrière et à comparer leur butin.

Plusieurs fois par semaine, des industriels viennent chercher de la main-d'œuvre. Des amis, des connaissances trouvent du travail et un logement. Ils s'en vont en laissant leur adresse.

Après un mois passé à Lausanne, nous passons encore un mois à Zurich, logés dans une école en forêt. On nous donne des leçons de langues, mais je ne peux y assister que rarement, à cause de ma petite fille.

Quelle aurait été ma vie si je n'avais pas quitté mon pays? Plus dure, plus pauvre, je pense, mais aussi moins solitaire, moins déchirée, heureuse peut-être.

Ce dont je suis sûre, c'est que j'aurais écrit, n'importe où, dans n'importe quelle langue.

Le désert

Du centre de réfugiés de Zurich, nous sommes « distribués » un peu partout en Suisse. C'est comme cela, par hasard, que nous arrivons à Neuchâtel, plus précisément à Valangin, où nous attend un appartement de deux pièces meublé par les habitants du village. Quelques semaines plus tard, je commence le travail dans une fabrique d'horlogerie à Fontainemelon.

Je me lève à cinq heures et demie. Je nourris et j'habille mon bébé, je m'habille, moi aussi, et je vais prendre le bus de six heures trente qui me conduira à la fabrique. Je dépose mon enfant à la crèche, et j'entre dans l'usine. J'en sors à cinq heures du soir.

Je reprends ma petite fille à la crèche, je reprends le bus, je rentre. Je fais mes courses au petit magasin du village, je fais du feu (il n'y a pas de chauffage central dans l'appartement), je prépare le repas du soir, je couche l'enfant, je fais la vaisselle, j'écris un peu, et je me couche, moi aussi.

Pour écrire des poèmes, l'usine est très bien. Le travail est monotone, on peut penser à autre chose, et les machines ont un rythme régulier qui scande les vers. Dans mon tiroir, j'ai une feuille de papier et un crayon. Quand le poème prend forme, je note. Le soir, je mets tout cela au propre dans un cahier.

Nous sommes une dizaine de Hongrois à travailler dans l'usine. Nous nous retrouvons pendant la pause de midi à la cantine, mais la nourriture est tellement différente de celle dont nous avons l'habitude que nous ne mangeons presque pas. Pour ma part, pendant une année au moins, je ne prends que du café au lait et du pain pour le repas de midi.

À l'usine, tout le monde est gentil avec nous. On nous sourit, on nous parle, mais nous ne comprenons rien.

C'est ici que commence le désert. Désert social, désert culturel. À l'exaltation des jours de la révolution et de la fuite se succèdent le silence, le vide, la nostalgie des jours où nous avions l'impression de participer à quelque chose d'important, d'historique peut-être, le mal du pays, le manque de la famille et des amis.

Nous attendions quelque chose en arrivant ici. Nous ne savions pas ce que nous attendions, mais certainement pas cela : ces journées de travail mornes, ces soirées silencieuses, cette vie figée, sans changement, sans surprise, sans espoir.

Matériellement, on vit un peu mieux qu'avant. Nous avons deux chambres au lieu d'une. Nous avons assez de charbon et une nourriture suffisante. Mais par rapport à ce que nous avons perdu, c'est trop cher payé.

Dans l'autobus du matin, le contrôleur s'assied à côté de moi, le matin c'est toujours le même, gros et jovial, il me parle pendant tout le trajet. Je ne le comprends pas très bien, je comprends tout de même qu'il veut me rassurer en m'expliquant que les Suisses ne permettront pas aux Russes de venir jusqu'ici. Il dit que je ne dois plus avoir peur, je ne dois plus être triste, je suis en sécurité à présent. Je souris, je ne peux pas lui dire que je n'ai pas peur des Russes, et si je suis triste, c'est plutôt à cause de ma trop grande sécurité présente, et parce qu'il n'y a rien d'autre à faire, ni à penser que le travail, l'usine, les courses, les lessives, les repas, et qu'il n'y a rien d'autre à attendre que les dimanches pour dormir et rêver un peu plus longtemps de mon pays.

Comment lui expliquer, sans le vexer, et avec le peu de mots que je connais en français, que son beau pays n'est qu'un désert pour nous, les réfugiés, un désert qu'il nous faut traverser pour arriver à ce qu'on appelle «l'intégration», «l'assimilation». À ce moment-là, je ne sais pas encore que certains n'y arriveront jamais.

Deux d'entre nous sont retournés en Hongrie malgré la peine de prison qui les y attendait. Deux autres, des hommes jeunes, célibataires, sont allés plus loin, aux États-Unis, au Canada. Quatre autres, encore plus loin, aussi loin que l'on puisse aller, au-delà de la grande frontière. Ces quatre personnes de mes connaissances se sont donné la mort pendant les deux premières années de notre exil. Une par les barbituriques, une par le gaz, et deux autres par la corde. La plus jeune avait dix-huit ans. Elle s'appelait Gisèle.

Comment devient-on écrivain?

Il faut tout d'abord écrire, naturellement. Ensuite, il faut continuer à écrire. Même quand cela n'intéresse personne. Même quand on a l'impression que cela n'intéressera jamais personne. Même quand les manuscrits s'accumulent dans les tiroirs et qu'on les oublie, tout en en écrivant d'autres.

En arrivant en Suisse, mon espoir de devenir un écrivain était à peu près nul. Je publiais, certes, quelques poèmes dans une revue littéraire hongroise, mais mes chances, mes possibilités d'être publiée s'arrêtaient là. Et quand, après de longues années d'acharnement, j'ai réussi à finir deux pièces de théâtre en langue française, je ne savais pas très bien ce qu'il fallait en faire, où les envoyer, à qui les envoyer.

Ma première pièce jouée, intitulée *John et Joe*, fut présentée dans un bistrot, au Café du Marché de Neuchâtel. Les vendredis et les samedis, après le repas du soir, quelques acteurs amateurs y organisaient des «soirées cabaret». Ainsi commence ma «carrière» d'auteur dramatique. Le succès de cette pièce, jouée pendant plusieurs mois, m'a apporté à l'époque un très grand bonheur et m'a encouragée à continuer d'écrire.

Deux ans plus tard une autre de mes pièces est créée au Théâtre de la Tarentule, à Saint-Aubin, petit village proche de Neuchâtel. Ce sont encore des amateurs qui jouent.

Ma «carrière» semble s'arrêter là, et mes dizaines de manuscrits jaunissent lentement sur une étagère. Heureusement, quelqu'un me conseille d'envoyer mes textes à la radio, et c'est le début d'une autre «carrière», celle d'auteur radiophonique. Ici, mes textes sont déjà joués, ou plutôt lus par des acteurs professionnels, et je reçois de véritables droits d'auteur. Entre 1978 et 1983, la Radio Suisse Romande réalise cinq de mes pièces, j'ai même eu une commande à l'occasion de l'année de l'enfance.

Je n'abandonne pas le théâtre pour autant. En 1983, j'accepte de travailler avec l'école de théâtre du Centre culturel neuchâtelois. Mon travail consiste à écrire une pièce sur mesure pour une quinzaine d'élèves. Ce travail me plaît beaucoup, j'assiste à toutes les répétitions.

Les cours commencent en général par toutes sortes d'exercices corporels. Ces exercices me rappellent ceux que nous faisions étant enfants, mon frère et moi, ou une amie et moi. Exercices de silence, d'immobilité, de jeûne... Je commence à écrire de courts textes sur mes souvenirs d'enfance. Je suis encore loin de penser que ces courts textes vont devenir un jour un livre. Et pourtant, deux ans plus tard, j'ai sur mon bureau un grand cahier qui contient une histoire cohérente, avec un début et une fin, comme un vrai roman. Il faut encore le dactylographier, le corriger, le dactylographier une nouvelle fois, éliminer tout ce qui est de trop, corriger encore et encore, jusqu'à ce que je trouve le texte présentable. Là encore, je ne sais pas très bien ce qu'il faut faire avec le manuscrit. À qui l'envoyer, à qui le donner ? Je ne connais aucun éditeur, et je ne connais personne qui en connaîtrait un. Je pense vaguement aux éditions de L'Âge d'Homme, mais un ami me dit : « Il faut commencer par les trois grands à Paris. » Il m'apporte l'adresse des trois maisons d'édition : Gallimard, Grasset, Seuil. Je fais trois copies du manuscrit, je prépare trois paquets, j'écris trois lettres identiques : « Monsieur le Directeur… »

Le jour où je poste tout cela, j'annonce à ma fille aînée :

— J'ai fini mon roman.

Elle me dit :

— Ah oui ? Et tu crois que quelqu'un va l'éditer ?

Je dis :

— Oui, certainement.

Effectivement, je n'en doute pas un seul instant. J'ai la conviction, la certitude que mon roman est un bon roman, et qu'il sera publié sans problème. Ainsi, je suis plus surprise que déçue quand, après quatre ou cinq semaines, mon manuscrit est de retour de chez Gallimard et ensuite de chez Grasset, accompagné d'une lettre de refus polie et impersonnelle. Je me dis que je dois me mettre en quête d'adresses d'autres éditeurs, quand, un après-midi de novembre, je reçois un téléphone. Au bout du fil, Gilles Carpentier des Éditions du Seuil. Il me dit qu'il vient de lire mon manuscrit, et qu'il n'a rien lu d'aussi beau depuis des années. Il me dit qu'il l'a entièrement relu après l'avoir lu une première fois, et qu'il pense le publier. Mais pour cela, il faut encore l'accord de plusieurs personnes. Il me rappellera dans quelques semaines. Il me rappelle une semaine plus tard, en disant: «Je prépare votre contrat.»

Trois ans plus tard, je me promène dans les rues de Berlin avec ma traductrice, Erika Tophoven. Nous nous arrêtons devant les librairies. Dans leurs vitrines, mon deuxième roman. Chez moi, à la maison, sur une étagère, *Le Grand Cahier*, traduit dans dix-huit langues.

À Berlin, le soir, nous avons une soirée de lecture. Des gens y viendront pour me voir, pour m'entendre, pour me poser des questions. Sur mes livres, sur ma vie, sur mon parcours d'écrivain. Voici la réponse à la question: on devient écrivain en écrivant avec patience et obstination, sans jamais perdre la foi dans ce que l'on écrit.

.

L'analphabète

Un jour, ma voisine et amie me dit :

— J'ai vu une émission à la télévision sur des femmes ouvrières étrangères. Elles travaillent toute la journée en usine, et elles s'occupent de leur ménage, de leurs enfants, le soir.

Je dis :

— C'est ce que j'ai fait en arrivant en Suisse.

Elle dit :

— En plus, elles ne savent même pas le français.

— Je ne le savais pas, moi non plus.

Mon amie est ennuyée. Elle ne peut pas me raconter l'histoire impressionnante des femmes étrangères vues à la télévision. Elle a si bien oublié mon passé qu'elle ne peut imaginer que j'aie appartenu à cette race de femmes qui ne savent pas la langue du pays, qui travaillent en usine et qui s'occupent de leur famille le soir.

Moi, je m'en souviens. L'usine, les courses, l'enfant, les repas. Et la langue inconnue. À l'usine, il est difficile de se parler. Les machines font trop de bruit. On ne peut parler qu'aux toilettes, en fumant une cigarette en vitesse.

Mes amies ouvrières m'apprennent l'essentiel. Elles disent: « Il fait beau », en me montrant le paysage du Val-de-Ruz. Elles me touchent pour m'apprendre d'autres mots: cheveux, bras, mains, bouche, nez.

Le soir, je rentre avec l'enfant. Ma petite fille me regarde avec des yeux écarquillés quand je lui parle en hongrois.

Une fois, elle s'est mise à pleurer parce que je ne comprends pas, une autre fois, parce qu'elle ne me comprend pas.

Cinq ans après être arrivée en Suisse, je parle le français, mais je ne le lis pas. Je suis redevenue une analphabète. Moi, qui savais lire à l'âge de quatre ans.

Je connais les mots. Quand je les lis, je ne les reconnais pas. Les lettres ne correspondent à rien. Le hongrois est une langue phonétique, le français, c'est tout le contraire.

Je ne sais pas comment j'ai pu vivre sans lecture pendant cinq ans. Il y avait, une fois par mois, la *Gazette littéraire hongroise* qui publiait mes poèmes à l'époque ; il y avait aussi les livres hongrois, des livres le plus souvent déjà lus, que nous recevions par correspondance de la Bibliothèque de Genève, mais qu'importe, il vaut mieux relire que de ne pas lire du tout. Et, heureusement, il y avait l'écriture.

Mon enfant va bientôt avoir six ans, elle va commencer l'école.

Moi aussi, je commence, je recommence l'école. À l'âge de vingt-six ans, je m'inscris aux cours d'été de l'Université de Neuchâtel, pour apprendre à lire. Ce sont des cours de français à l'intention d'étudiants étrangers. Il y a là des Anglais, des Américains, des Allemands, des Japonais, des Suisses alémaniques. L'examen d'entrée est un examen écrit. Je suis nulle, je me retrouve avec des débutants.

Après quelques leçons, le professeur me dit :

— Vous parlez très bien le français. Pourquoi êtes-vous dans un cours de débutants ?

Je lui dis :

— Je ne sais ni lire ni écrire. Je suis une analphabète.

Il rit :

— On verra tout cela.

Deux ans après, j'obtiens mon Certificat d'Études françaises avec mention honorable.

Je sais lire, je sais de nouveau lire. Je peux lire Victor Hugo, Rousseau, Voltaire, Sartre, Camus, Michaux, Francis Ponge, Sade, tout ce que je veux lire en français, et aussi les auteurs non français, mais traduits, Faulkner, Steinbeck, Hemingway. C'est plein de livres, de livres compréhensibles, enfin, pour moi aussi.

J'aurai encore deux enfants. Avec eux, j'exercerai la lecture, l'orthographe, les conjugaisons. Quand ils me demanderont la signification d'un mot, ou son orthographe, je ne dirai jamais :

— Je ne sais pas.

Je dirai :

— Je vais voir.

Et je vais voir dans le dictionnaire, inlassablement, je vais voir. Je deviens une passionnée du dictionnaire.

Je sais que je n'écrirai jamais le français comme l'écrivent les écrivains français de naissance, mais je l'écrirai comme je le peux, du mieux que je le peux.

Cette langue, je ne l'ai pas choisie. Elle m'a été imposée par le sort, par le hasard, par les circonstances.

Écrire en français, j'y suis obligée. C'est un défi.

Le défi d'une analphabète.

BIO-BIBLIOGRAPHIE

1935

30 octobre : Naissance d'Agota Kristof à Csikvand (Hongrie). Son père Kalman Kristof, est instituteur, sa mère Antonia (Turchanyi) enseigne les tâches ménagères dans une école. Elle a deux frères, Jenö, son double, dit-elle, et Attila qui deviendra écrivain. A.K. apprend à lire très vite, à quatre ans : « c'est comme une maladie. Je lis tout ce qui me tombe sous la main. » (*L'Analphabète*, désormais citée « A »).

1944

Été : La famille s'installe à Köszeg, future Petite ville de la *Trilogie des jumeaux*, à la frontière austro-hongroise. La guerre ne l'a pas trop touchée : « Parfois, nous avions un peu peur, mais je n'ai que des bons souvenirs. Nous avions froid et faim, mais nous nous amusions bien. » (Entretien, *Tribune de Genève*, 22.10.2001)

1949

La Hongrie qui avait été l'alliée de l'Allemagne est occupée par les troupes soviétiques. A.K. intègre l'Internat de Szombathely, «quelque chose entre la caserne et le couvent» (A). Pour échapper aux conditions de vie très dures et à l'ennui, elle commence à écrire des poèmes et des pièces de théâtre; elle tient un journal intime. Rien n'en sera conservé.

1954

A.K. obtient son baccalauréat scientifique. Elle épouse son professeur d'histoire et travaille, entre 1955 et 1956, dans une entreprise de textile.

1956

Naissance de sa première fille. Le 23 octobre, son mari prend part au soulèvement de Budapest contre les troupes soviétiques. Il est arrêté, relâché mais menacé. Le couple prend la décision de s'exiler. A.K. quitte la Hongrie sans même avertir ses proches, elle ne les reverra que douze ans plus tard. Le couple pensait passer aux États-Unis, mais, le 8 décembre, il se retrouve en Suisse. A.K. a 21 ans, un bébé de quatre mois et quelques dictionnaires. Elle est dirigée vers Zurich, puis vers Neuchâtel et la langue française, cette langue de hasard qui va «vampiriser» sa langue maternelle. Son mari obtient une bourse d'études en biologie, A.K. doit renoncer à l'université pour faire vivre sa famille. Elle regrettera toujours cet exil.

1957-1961
A.K. travaille comme ouvrière dans une fabrique de pièces horlogères, «Ébauches SA», à Fontainemelon, près de Neuchâtel. Années de désert, «désert social, désert culturel […] le mal du pays, le manque de la famille et des amis» (A). Pourtant elle compose des poèmes hongrois qui paraissent dans une revue d'exil à Paris, *La Gazette littéraire hongroise*. En 1961 elle obtient une bourse d'études de l'Université de Neuchâtel pour le cours de français pour étrangers et reçoit le meilleur certificat de sa volée. Lectures intenses des classiques français.

1963-1980
A.K. divorce en 1963. Elle se remarie avec un photographe neuchâtelois dont elle aura deux

enfants en 1966 et 1972. Elle commence à écrire en français vers 1970-1971, des pièces de théâtre principalement, dont *John et Joe* et *Un Rat qui passe*, en 1972. Elle collabore avec le Théâtre de la Tarentule de Gilles Oswald à Saint-Aubain et avec François Flühmann, au Centre culturel neuchâtelois. Elle écrit de nombreuses pièces radiophoniques pour la RSR et adhère à la Société des auteurs dramatiques. 1968 marque son premier retour en Hongrie, elle s'y rendra désormais régulièrement et redemandera son passeport hongrois en 2003.

1981-1991

Selon une note de ses archives, elle commence la rédaction du *Grand Cahier*, encore intitulé le *Cahier de composition*, le 18 août 1981. Elle y travaille jusqu'en 1984. Gilles Carpentier, des Éditions du Seuil, le publie en 1986, le succès est immédiat, le roman est couronné par le Prix du livre européen en 1987. Dès lors, elle se consacre entièrement à l'écriture et publie *La Preuve* en 1988, puis *Le Troisième Mensonge* en 1991, toujours au Seuil, son éditeur attitré. Elle reçoit le Prix du Livre Inter en 1992 et, désormais les trois titres sont lus comme une trilogie. Entretemps, en 1989 et 1990, la revue zurichoise *Du* publie en allemand les textes qui formeront en 2004 *L'Analphabète* (Éditions Zoé). Sa trilogie est très vite traduite, en 2008, elle est lue en trente-sept langues. Deuxième divorce en 1982 : « J'aime les hommes, pas les maris ».

1995-2008

A.K. publie *Hier* (Seuil), après un silence de quatre ans : c'est dit-elle son roman le plus autobiographique. Ses pièces de théâtre paraissent en recueil, *L'Épidémie* et *Un Rat qui passe*, en 1993, (Amiot Lenganey, Comédie de Caen) ; *L'Heure grise et autres pièces* en 1998, puis *Le Monstre et autres pièces* en 2007, les deux au Seuil. A. K. semble se désintéresser petit à petit de l'écriture, gagnée par une lassitude fataliste : « Oui, ça me suffit de me lever le matin. […] Je n'ai plus besoin de chercher autre chose. » (*Le Magazine littéraire*, février 2005). Elle travaille sporadiquement à un roman en cours, *Aglaé dans les champs*, sans le terminer, mais donne en 2007 ses souvenirs sur ses grands-parents dans l'ouvrage collectif de S. Tannette *À nos aïeux* (Aubanel). Ce qui n'empêche pas une intense activité éditoriale autour des inédits conservés dans ses archives. En 2004 puis 2005, paraissent chez Zoé *L'Analphabète* et *Où es-tu Mathias ?*; en 2005, le recueil de nouvelles *C'est égal*, au Seuil qui, en 2006, réédite ses trois premiers romans sous un titre collectif: *La Trilogie des jumeaux*. Elle reçoit en 2001 le Prix Gottfried Keller, en 2005 le Prix Schiller Suisse pour l'ensemble de son œuvre et, en novembre 2008, le Prix autrichien pour la littérature, décerné auparavant à Italo Calvino, Simone de Beauvoir, Friedrich Dürrenmatt, Umberto Eco, Jorge Semprun, ou Vaclav Havel.

À la fin de sa vie, A.K. cesse d'écrire en français et cède aux Archives littéraires suisses l'ensemble de ses manuscrits, sa machine à écrire ainsi que son dictionnaire bilingue hongrois-français. Seul manque son journal, brûlé par ses soins. En mars 2011, elle reçoit le prix Kossuth, la récompense littéraire la plus prestigieuse de Hongrie. Une consécration pour elle et une marque de reconnaissance de la part de son pays natal. Agota Kristof s'éteindra peu après, le 27 juillet 2011.

D'après *Quarto 27 Revue des Archives littéraires suisses*

DE LA MÊME AUTEURE

AUX ÉDITIONS DU SEUIL

Le Grand Cahier, 1986
La Preuve, 1988
Le Troisième Mensonge, 1991
Hier, 1995

AUX ÉDITIONS ZOÉ

Où es-tu Mathias ?, suivi de *Line, le temps*,
postface de Marie-Thérèse Lathion,
Minizoé n° 64, 2005

Clous. Poèmes hongrois et français,
traduits par Maria Maïlat, 2016

SUR L'AUTEURE
AUX ÉDITIONS ZOÉ

Valérie Petitpierre, *Agota Kristof.
D'un exil l'autre*, 2000

TABLE

Achevé d'imprimer
en décembre deux mille vingt deux
sur les presses de CORLET,
à Condé-en-Normandie, France,
pour le compte des Éditions Zoé
Composition CW Design, Belgique